MAISON DE SAINTE-ROSALIE.

QUELQUES JOURS SOUS LA COMMUNE

LES 22, 23, 24 ET 25 MAI 1871.

Nous étions occupés aux devoirs ordinaires de nòtre ministère, lorsque la Commune fut proclamée à Paris. Soumis et résignés à tout ce qu'il plairait à la divine Providence d'ordonner à notre égard, nous continuâmes d'exercer publiquement les fonctions du culte dans notre chapelle, alors même que, déjà, des bruits sinistres d'arrestations et d'emprisonnements circulaient autour de nous. Quelques églises, dans notre voisinage, avaient été fermées; le clergé paroissial avait dû se soustraire par la fuite aux violences des Communeux; cependant la foule emplissait toujours notre pauvre Chapelle, et nos enfants continuaient à affluer à nos écoles. Le peuple du quartier semblait compter sur notre dévouement; nous ne pouvions lui faire défaut sans manquer à notre mission; aussi nous restâmes à notre poste, et jusqu'au 22 mai, les exercices du mois de Marie se firent régulièrement chaque jour à la Chapelle.

Le 13 mai, un mandat d'arrêt avait été lancé contre le Supérieur de la Maison, M. Héard, avec ordre ou permis-

sion, ce qui était à peu près équivalent de la part de ces
messieurs de la Commune, de piller la Chapelle et d'y ins-
taller un poste de Fédérés. Cet ordre ne fut pas exécuté,
grâce à l'intervention courageuse de deux dames, nos loca-
taires, qui, informées à temps par les gens du voisinage,
se rendirent, le dimanche 14, auprès du délégué chargé
d'incarcérer les membres du clergé et de fermer les églises;
elles purent faire révoquer l'ordre de la Commune, mais
le danger n'était qu'ajourné.

Voici comment ces deux dames parvinrent à obtenir qu'on
retirât le mandat d'arrêt lancé contre M. Héard; c'est l'une
d'elles, Mme Oury, qui nous a envoyé le détail des démar-
ches qu'elle fit à cette occasion.

Monsieur l'Abbé,

Mme Cholet étant venue m'apprendre la fâcheuse nouvelle
qui vous concernait, je n'ai point tenu compte de ce qui
pourrait m'arriver, et lui ai demandé qu'elle me conduisît
auprès de ceux qui avaient lancé le mandat d'arrêt contre
vous. Mme Cholet m'ayant accompagnée à la Mairie du
cinquième arrondissement, et les délégués étant chez les
Pères, rue d'Ulm, nous sommes allées les y trouver. J'ai
vu trois hommes dont l'un était Raoul Rigault, le deuxième
le colonel Blin; pour le troisième, il est inutile de le nom-
mer, il servait la Commune, mais il était pour Versailles.
Mme Cholet et moi avons parlé à ces trois hommes. Ils m'ont
dit : — Vous aimez donc les Curés? — Je leur ai demandé
à mon tour s'ils aimaient leurs père et mère. Sur leur réponse affirmative, je leur ai dit que j'aime les Prêtres et les
Sœurs, parce qu'ils m'ont élevée, et qu'en le faisant je rem-
plissais mon devoir. Je leur ai parlé de la bonté des mis-

sionnaires, de vous en particulier, et leur ai dit combien vous vous donnez de mal, combien vous êtes bon pour les pauvres, et qu'il fallait qu'ils écoutent nos supplications. Mme Faision était avec nous. Je vous assure que ce n'est qu'avec peine que nous avons gagné notre cause, car ils nous disaient : — Il ne faut plus de Prêtres ni de Sœurs. Il est arrivé une femme, dans le même moment, qui a crié : — A bas les femmes à curés ; il y en a encore de cette race-là ! il faut les démolir ! Oui ! il y en a une dans la rue Mouffetard qui connaît les souterrains des Curés ; il faut aller la démolir. — A ces paroles, l'homme dont je ne vous ai pas dit le nom m'a dit : — Voyez ces femmes ! ce sont les plus mauvaises ; elles sont la cause, en grande partie, de tout le mal qui arrive en ce moment. Puis, s'adressant à cette malheureuse, il lui dit qu'elle était une mauvaise langue, et lui adressa d'autres reproches. Je ne puis me rappeler tout ce qui a été dit, car nous sommes restées au moins deux heures à parler avec eux. MM^{mes} Faision et Cholet se sont jointes à moi, et ont employé toute leur éloquence pour qu'il ne vous arrive rien et qu'on ne fasse aucun dégât à la Chapelle. Je me suis retirée heureuse et contente d'avoir fait cette bonne démarche. Mme Cholet étant restée chez les Pères, celui qui était pour Versailles m'a accompagnée jusqu'à la Mairie du cinquième ; il m'a dit de prendre courage, que, du train dont les choses marchaient, la Commune ne pouvait durer longtemps, qu'il pensait que cela finirait dans huit ou quinze jours, et que je pouvais être sûre qu'il ne vous arriverait aucun mal, etc., etc.

Veuillez agréer, Monsieur l'Abbé, mes plus profonds respects.

Femme OURY.

Voici le récit, que nous transmet M. Héard, des événements dont il fut le témoin, et quelquefois l'acteur, pendant les terribles journées du 22 au 26 mai.

Le lundi 22, dès le matin, des bruits de toute sorte commencent à se répandre : les Versaillais sont à Paris, — chaque arrondissement a reçu ordre de préparer sa défense, — on doit partout élever des barricades, etc., etc. Le fait est que, sur cinquante garçons qui fréquentent notre école, il en vint tout au plus la moitié ce jour-là. De temps à autre, dans la matinée, des mères venaient chercher leurs enfants et les emmenaient. La classe continua cependant, et, tandis que nous étions avec ces enfants, ne pouvant nous informer exactement de ce qui se passait, l'inquiétude générale nous gagnait. Aussi, nous partagions l'anxiété commune, que le bruit continu de la canonnade, qui nous semblait plus fort que les jours passés, ne contribuait pas peu à augmenter.

Après-midi, les classes recommencèrent pour les quelques enfants qui n'étaient pas partis. Tout à coup, vers les deux heures, entre dans la petite classe le trop fameux Serizier, colonel de la treizième légion, suivi d'une troupe de filles et de garçons de quinze à dix-huit ans, la plupart armés de bâtons : — Vous nous troublez, monsieur, lui dit notre Frère Larjaud ; vous voyez bien que nous faisons la classe. — Peu m'importe, repond Serizier, cette maison doit être au service de la Commune. — Et ces enfants, que vont-ils devenir ? — Vous pouvez les congédier pour quelques jours, et aussitôt la classe fut évacuée.

Pendant ce temps, une vingtaine de Gardes nationaux étaient montés au deuxième étage, où se trouvait la classe des grands ; à leur approche, nos élèves prennent la fuite. Au milieu de tout ce bruit, la concierge de la maison n° 17 accourt tout hors d'elle-même, et, pénétrant dans la Communauté, elle s'écrie : — Enlevez le Saint-Sacrement de l'église, ils vont prendre toute la maison. — Saisi de je ne sais quel trouble involontaire, je me précipite vers la Chapelle pour enlever le Saint-Sacrement, et, prenant en toute hâte le saint Ciboire, je le cache sous ma houppelande, en priant Notre-Seigneur de me pardonner de le traiter ainsi. Je me disposais à rentrer à la Communauté pour y déposer mon précieux trésor, lorsque j'aperçois le chef de la bande qui me barre le passage. C'était un homme de taille moyenne, à figure maigre et labourée par la petite vérole ; ses yeux qui respiraient la haine, le sang et le carnage, se fixaient rarement sur son interlocuteur. Il était revêtu des insignes de la Commune. Je l'aborde, non sans émotion ; mais, pensant à Notre-Seigneur que je portais sur mon cœur, je repris courage : — Mon Dieu, disais-je au fond de mon âme, soutenez ma faiblesse, donnez-moi la sagesse et la prudence qui me sont si nécessaires dans cette extrémité : *Deus, in adjutorium meum intende.*

Fortifié par la prière, je tâche de prendre la figure la plus gracieuse possible pour me tirer d'affaire. Notre homme ne se mit pas en devoir de rivaliser avec moi ; ses manières d'agir sentaient le tripot et le cabaret : — Je viens, me dit-il, citoyen Curé, visiter ces lieux et en prendre possession. — Et de quel droit, s'il vous plaît ? — Ah ! de quel droit ! vous ignorez donc que la Commune est maîtresse ? Ouvrez-moi cette porte, montrez-moi ces appartements. — Il ne fallait pas penser à résister ; je m'exécutai donc de mon mieux. — Citoyen, ici, c'est notre bibliothèque, notre oratoire. — Bien, bien, ça me va ; d'ici on domine la vallée de la Bièvre. Et cette autre pièce ? — C'est notre réfectoire. — Ouvrez, nous prendrons encore ceci. — Je tremblais qu'on ne voulût aussi monter dans nos chambres. Mon Confrère, M. Fressange, s'était prudemment retiré dans la sienne, et certes il ne demandait pas mieux que d'y rester caché. J'en fus quitte pour la peur, et, afin de donner le change à ces enragés, je proposai à notre colonel de passer dans nos

parloirs et d'inspecter les appartements qui avaient servi
d'ambulance pendant la guerre contre les Prussiens. —
Très-bien, dit-il, nous pourrons transporter ici les malades
et les blessés pour les premiers pansements. — Revenant
ensuite sur nos pas, nous nous dirigeâmes vers la chapelle
et la salle du Patronage qui se trouve au-dessus. En traver-
sant la Communauté, je saisis cette occasion, et m'excusai
en demandant une minute dont je profitai pour cacher le
saint Ciboire que j'avais toujours sur moi, ce fut l'affaire
d'un instant. Je vins aussitôt rejoindre notre colonel à la
porte de la Chapelle. — Qu'est-ce que cela? dit-il brutale-
ment. — C'est une église, une chapelle. — Quoi! dit-il,
recourant au style du *Père Duchesne*, une boîte à bon Dieu?
— Oui, monsieur, c'est la maison de notre Dieu; et vous,
Monsieur, est-ce que par hasard vous n'auriez pas de Dieu?
— Moi, citoyen, je suis matérialiste et je ne crois pas à
toutes ces bêtises. — Ah! oui, vraiment, matérialiste! vous
êtes en retard, sans vous en douter. — Et comment cela?
— Le matérialisme a fait son temps; c'est le spiritualisme
qui règne maintenant. — Assez comme ça. — Soit; mais,
décidément, cette Chapelle, la prendrez-vous encore? —
Non, nous n'en pourrions rien faire. — Nous visitâmes ensuite les deux salles au-dessus de la chapelle; comme elles
se trouvaient dans toutes les conditions qu'il demandait, il
en parut fort satisfait, donna des ordres aux hommes qui
le suivaient, et m'annonça que, dans la soirée, j'aurais
nombreuse société : le 176e doit venir prendre possession de
la maison. — Très-bien, lui dis-je, je serai là pour le recevoir et renouveler connaissance. Depuis plus de dix ans
que j'habite le XIIIe arrondissement, j'ai dû me trouver en
rapport avec plusieurs de ces citoyens; peut-être même ai-je
rendu des services à quelques-uns d'entre eux, et je serai
heureux de les revoir et de leur serrer la main. — Vous
voyez, citoyenne, dit alors le capitaine à Mme Saxe, la con-

cierge, dont il n'avait pas eu à se féliciter à son arrivée dans la maison, il vaut mieux avoir affaire au bon Dieu qu'à ses saints. — Ces paroles étaient à mon adresse sans aucun doute, et comme la récompense de l'accueil gracieux que j'avais cru devoir faire à ces honnêtes brigands.

Le capitaine qui, malgré la gravité du moment, était en belle humeur, se mit à me parler sur un ton amical. — Quoi! me dit-il, à mon grand étonnement, vous me parlez du Bon Dieu! cela me fait plaisir, car, citoyen, je ne suis pas si ennemi qu'on le pense des gens de votre robe; tenez, — lisez cela. — C'était une lettre que le Frère Albert, Directeur de l'école, rue du Moulin des Prés, lui écrivait de la prison disciplinaire de l'avenue d'Italie, pour demander son élargissement. — Mon capitaine, je connais cette écriture et l'auteur de la lettre que vous me montrez; cela me fait voir que, si j'avais besoin de vos services, je pourrais m'adresser à vous en toute confiance. — Depuis, j'appris que ce capitaine n'avait pas même daigné répondre à la lettre en question et que le jeune Frère serait resté en prison et aurait sans doute été fusillé, s'il n'avait réussi à trouver de meilleurs amis.

L'inspection de la maison était terminée et nous étions sur le point de nous séparer. — Vous êtes fatigué, capitaine, vous et les vôtres; accepteriez-vous quelque rafraîchissement? un verre de vin par exemple? — Il me lança un regard qui était loin d'être sympathique. — Du vin! du vin! mais vous autres, vous le changez en sang; — et là-dessus s'engagea une controverse sur la sainte Eucharistie; mais elle ne dura pas longtemps, car déjà le canon de Versailles tonnait dans Paris; l'agonie de la Commune commençait.

Nous nous séparâmes presque bons amis, et je rentrai à la Communauté, tandis que le citoyen Serizier s'en allait exciter le zèle des hommes et des femmes qui trava laient aux barricades. L'une de ces barricades coupait transversalement le boulevard d'Italie, au coin de la rue Corvisart, dont l'entrée était occupée par une autre barricade qui croisait ses feux avec ceux de la première. Il va sans dire qu'on nous prit bois, pierres et tous les matériaux qu'on put trouver chez nous, sans nous en demander la permission. On perça même des ouvertures dans le mur de clôture de la cour, pour faciliter le service des barricades et aussi pour se ménager des issues en cas de retraite forcée.

Cette fameuse journée du 22 mai touchait à sa fin, et le 176e bataillon, annoncé par Serizier, n'arrivait pas. J'attendais toujours, lorsqu'enfin, vers les sept heures, arrive une compagnie du susdit bataillon. Je m'avance à sa rencontre, priant Dieu au fond de mon cœur de me donner force et courage pour trouver grâce devant ces furieux. Lorsque tout le monde fut arrivé, je demandai le chef. Deux hommes, à figure pâle et assez avenante, se présentent. — Je désire faire votre connaissance, leur dis-je tout d'abord, et je tiens à vous prévenir que, moi et les miens, nous sommes à votre disposition pour tous les services que nous pourrons vous rendre. On va, tout à l'heure, vous servir des rafraîchissements et vous distribuer des cigares. — Tiens! disait-on dans la bande, vois-tu qu'il y en a de bons parmi les Curés. —C'est comme ça que je les aime, disait un autre ; au moins ça parle au pauvre monde. — *T'est* un bon enfant, toi! me crie un troisième ; — et ils se mettent à causer entre eux. — C'est donc pas des Curés comme les autres, ceux-là? — Vois donc! celui-là n'a pas de boucles d'argent à ses souliers, ni de petite bavette sous le menton. — Mais, dis donc, quèque-c'est que ces Curés-là? — Je n'en sais rien, mais ils ont un *chic* à eux ; ici tout est *gratis ;* on ne paye ni les bancs, ni les chaises ; on marie les gens pour rien. — Oui, c'est vrai, et le premier chiffonnier venu peut prendre la première place à l'Église ; c'est de la vraie égalité. — J'écoutais, sans avoir l'air, toutes ces conversations, et je me disais que je n'étais pas trop mal tombé. Du reste, je dois le déclarer, je n'ai eu qu'à me louer de cette compagnie, et en particulier du lieutenant Simon et du capitaine Roux, dont il sera fait mention plusieurs fois dans ce récit.

La journée était finie et je bénissais Dieu de n'avoir pas été trop maltraité.

Une circonstance cependant me causait la plus vive inquiétude. Le lieutenant Simon avait renoncé, très-gracieusement, à occuper notre Communauté, disant qu'il n'était pas nécessaire de nous gêner, puisqu'on pouvait faire autrement; mais il fallut laisser le passage libre, à travers notre maison, pour le service des barricades, et cela dura trois jours et trois nuits. Or, je l'avoue, ce va et vient de gens de toutes sortes, ces transports incessants de poudre, de bombes, de projectiles de toute espèce étaient loin de m'être agréables. Je voyais mille inconvénients à laisser la maison ouverte; mais que faire? Pendant le jour j'allais, je venais, veillant autant que possible à la sûreté de tous; la nuit, je dus me faire remplacer par deux personnes dévouées et qui m'ont rendu les plus signalés services pendant ces jours d'angoisse. Leur modestie ne veut pas que je dise leurs noms; Dieu les connaît, cela leur suffit, car il a inscrit leur belle action dans le livre de vie.

Il était près de onze heures du soir, le lundi 22; je me disposais à aller prendre un peu de repos; il me semblait avoir tout vu, tout examiné, j'avais fait mes recommandations aux personnes dont j'ai parlé tout à l'heure; j'entrai alors dans ma chambre que je fermai de mon mieux, et, n'en pouvant plus de fatigue, je me jetai sur mon lit tout habillé; le sommeil ne se fit pas attendre.

Mardi 23. — Il y avait à peine une heure que je reposais, minuit sonnait, lorsque je me réveille en sursaut; j'entends des cris répétés — : Monsieur, monsieur, levez-vous!

Monsieur le Supérieur, descendez ! — J'ouvre la fenêtre. — Qu'y a-t-il donc ? — On veut briser la porte de la Chapelle à coups de crosses de fusils ; c'est une perquisition qu'on vient faire, vite ! vite ! — Une minute, s'il vous plaît ; dans un instant je suis en bas. — Et me voilà au chapitre des réflexions ! Tout en réparant à la hâte le désordre de ma toilette, je songe que peut-être je touche à ma dernière heure ; qui sait si ces gens-là ne vont pas me *régler mon compte ?* et passant devant la porte de mon confrère, je frappe trois coups pour l'éveiller, afin qu'au besoin, il puisse me donner une dernière absolution. Mais le vacarme continuant à la porte, j'y courus au plus vite et me trouvai en face d'un piquet de trente gardes nationaux arrêtés devant la Chapelle. Arrivé devant eux, et dissimulant tant bien que mal mon mécontentement et mes craintes : — Quel est votre chef ? leur dis-je d'une voix que je m'efforçais de rendre douce et agréable. — C'est moi, citoyen, je m'appelle Jourdan ; j'habite la rue des Gobelins et je vous connais depuis longtemps. — Pourquoi venez-vous ici, à cette heure de la nuit ? — Pour exécuter les ordres de la Commune. Vous êtes, dit-on, d'intelligence avec Versailles ; on a vu des lumières se promener dans vos appartements ; vous cachez des hommes, de la poudre, etc. — Comment ! lui dis-je, les vôtres, arrivés ici il y a quelques heures, ont examiné la maison du haut en bas, et n'ont absolument rien trouvé de compromettant. Vous devriez vous entendre un peu mieux entre vous pour l'honneur de votre cause. — Rien ne put les arrêter ; ils avaient des ordres et voulaient les exécuter. —Qu'à cela ne tienne, leur dis-je, — et j'ouvre la porte de la Chapelle.

Je demande à y entrer le premier pour allumer les becs de gaz et surtout pour leur bien faire voir qu'il n'y avait pas là de guet-apens. Jourdan donne ses ordres et l'on entre. Un de ces braves frappe à coups de baïonnette sur

un des confessionnaux pour l'ouvrir. Je le prie de ne pas se
donner tant de peine. — Ces petites boîtes-là s'ouvrent
très-facilement, lui dis-je, et je lui montrai comment cela se
faisait, en ajoutant, avec un peu de malice, que ce meuble
a bien son utilité, et que, si on s'en servait plus souvent, on
ne serait pas si malheureux. — Ah ! Monsieur, je ne suis pas
un impie comme ce tas de drôles qu'il y a par là ; je me dé-
couvre dans les Églises, — il se découvrit en effet, — et
puis, je ne suis pas pour qu'on abolisse les prêtres : il en
faut pour faire sa première communion, se marier, etc. Voilà,
Monsieur, mes sentiments ; mais ne me parlez pas, car on
dirait que je suis avec vous, et ça me ferait du tort. — Allons, mon ami, vous êtes un bon Israélite.

Déjà le capitaine Jourdan avait parcouru la Chapelle.
Élevant la voix, je criai : — Citoyens, je vous prends à témoin
qu'il n'y a rien ici. — Nous n'avons pas tout vu, s'écrièrent
plusieurs des gens de sa suite. — En effet, il reste encore la
sacristie, les sous-sols, et je vais vous y conduire. — Il n'y
avait rien là non plus qui fût de nature à nous compromettre.
Une porte en chêne nous arrêta quelques instants ; je n'avais
pas de clef et ne savais même où la prendre. — Je ne si-
gnerai pas le rapport, s'écrie un blanc-bec de seize à dix-
sept ans, je veux tout voir. — Vous avez raison, mon ami,
c'est ici l'armoire aux fleurs ; je serai heureux de vous offrir celle qui vous plaira le plus ; — et avec un certain air
de mauvaise humeur je me mets à travailler pour ouvrir la
porte de cette fameuse armoire ; à peine était-elle ouverte,
que je cherchai mon homme inutilement, il était déjà parti.

Cette visite nocturne terminée, je conduisis mes gens à
la porte-cochère de la rue Corvisart, n° 17. Le capitaine Roux,
qui se trouvait là, ne parut pas content de toute cette his-
toire et demanda au capitaine Jourdan son mandat : celui-ci
s'exécuta de bonne grâce...

Mais j'oublie un incident fâcheux qui faillit devenir tra-

gique. Je veux parler de l'arrestation ̈et de l'incarcération
de M. Fressange. Ce cher Confrère avait compris la signifi-
cation des trois coups donnés à sa porte ; il se leva donc à
moitié vêtu, et, voyant des lumières dans la Chapelle, crut à
un incendie. Précipitant ses pas, il accourt tout émotionné,
et tombe au beau milieu des gardes nationaux répandus
dans l'Église. Arrivé à l'autel, et ne me voyant pas, il pense
qu'on m'a mis en prison, et dans son trouble il balbutie
quelques mots, entre autres ceux-ci : — *Il ne faudrait pas
ravager.* — Quoi ! s'écrie une espèce de forcené, vous nous
traitez de ravageurs, de voleurs, d'assassins, etc.., inventant
à plaisir toute une litanie d'injures pour le besoin de sa
cause. Il court se plaindre au chef, et fait si bien, qu'on
emmène en prison le pauvre M. Fressange sans autre forme
de procès. Il arrive aux Gobelins entre quatre hommes qui
l'introduisent dans le bureau du citoyen Caïol. Le misérable
qui avait juré sa perte renouvelle ses accusations devant
maître Caïol, qui, après diverses formalités, plutôt pour la
forme que pour le fond, le fit conduire au deuxième secteur, avenue d'Italie, 38. C'est là que notre pauvre Confrère
fut contraint de passer le reste de la nuit dans une salle vaste,
mais d'une saleté dégoûtante, et au milieu de gens de toute
sorte.

Cette aventure s'était passée pendant la perquisition, sans
que j'en connusse la plus petite particularité. En rentrant
dans la Communauté, je cours à la chambre de M. Fressange pour lui rendre compte de ce qui venait de se passer et m'entendre avec lui sur ce qu'il y aurait à faire.
Point de M. Fressange ! je parcours toute la maison, de la
cave au grenier et du grenier à la cave, et point de M. Fressange ! Qu'on se figure mon inquiétude et mon embarras !
Je reviens vers les gardes nationaux qui se trouvaient à la
barricade, et, à force de questions, je finis par apprendre tout
ce qui s'était passé. Ne prenant alors conseil que de mon

cœur, je me détermine à aller à la recherche de mon Confrère pour le faire mettre en liberté. J'étais bien la cause involontaire de l'arrestation de M. Fressange, et cette pensée me torturait l'âme. Mais c'eût été bien autre chose, si j'avais su ce que nous ignorions tous les deux.

Il y avait eu méprise à notre sujet, et M. Fressange subissait la prison à ma place. La perquisition devait être suivie de l'arrestation du Directeur de la maison ; quelques-uns des plus enragés de la bande s'étaient chargés d'exécuter cet ordre ; c'était, sans doute, un de ces misérables qui s'était acharné contre M. Fressange. On me raconta depuis que Serizier, en voyant arriver ce dernier, s'était écrié : — Ce n'est pas celui-là, c'est le petit noir ; il faut retourner le chercher. — Soit fatigue, soit désobéissance formelle, soit grâce à quelques rapports favorables sur le compte du Supérieur, on ne tint pas compte de l'ordre de notre aimable colonel, et j'échappai cette fois au danger.

Les choses en étaient là, et il était à peu près une heure du matin, lorsque je me présentai à l'État-Major résidant aux Gobelins. Ce ne fut pas sans peine que j'obtins du capitaine Roux la permission de m'y faire conduire. Ce brave homme, tout en blâmant intérieurement ma démarche comme souverainement imprudente, ce qui n'était que trop vrai, n'osa cependant pas s'y refuser, et, pour mettre ma personne à l'abri du danger, il me donna quatre gardes nationaux avec la restriction de ne pas prendre d'armes. Escorté de mes quatre hommes, en habit ecclésiastique, voire même la barrette sur la tête, je me dirigeai vers les Gobelins.

J'écoutais avec attention et avec la plus vive reconnaissance les recommandations que me faisaient les braves gens qui m'accompagnaient, pour m'aider à me tirer d'affaire. C'est grâce à leur conseil que je demandai le nommé Caïol, et non pas notre colonel, le citoyen Serizier, entre les griffes duquel je n'aurais pas manqué de tomber sans leurs charitables avis.

Ce fut en entrant dans cette maison que je compris combien j'avais été imprudent. Ah! quel milieu! quelles gens! La rage, la haine étaient peintes sur leurs visages; dans leurs yeux, sur ces figures, il me semblait lire : A bas le calotin! fusillez-le! etc. Il me fallut marcher au milieu des morts et des mourants qu'on apportait de diverses barricades; c'était une allée et venue continuelle de gens effarés, les uns demandant du secours, les autres donnant des ordres, d'autres en fureur et que l'on ne pouvait contenir : c'était vraiment comme le vestibule de l'enfer. Obligé de traverser quatre ou cinq grands appartements, remplis de la façon que je viens de dire, je me sentis frissonner malgré moi; mais que faire? Pas moyen de reculer, la moindre faiblesse pouvait m'être fatale; tous les yeux se dirigeaient de mon côté. — Quoi! encore un Curé à cette heure!— Mais, encouragé par mon escorte des quatre gardes nationaux, je me remontai le moral, puis, prenant un petit air dégagé, je marchai sans avoir l'air de me douter le moins du monde des mauvaises dispositions des gens au milieu desquels je me trouvais, demandant aux uns et aux autres où siégeait le citoyen Caïol, chef du deuxième secteur.

Il était une heure un quart du matin, lorsque je fus introduit dans la salle de réception de ce haut fonctionnaire. C'était un homme de fort belle taille et de figure agréable; il avait une grosse cravate rouge, une ceinture de même couleur, absolument comme toutes les autorités de la Commune que j'ai eu occasion de voir. Il me reçut avec politesse et convenance et je n'eus qu'à me louer de ses procédés à mon égard, quoiqu'il n'ait pas fait droit à ma demande : à savoir la délivrance de mon captif. J'eus beau insister, faire valoir toutes sortes d'arguments; la réponse fut toujours la même : — Le citoyen Curé est en prison, il y restera deux ou trois jours. — Il était désormais inutile et même fort dangereux de rester plus longtemps en pareil lieu. Je priai donc M. le Président d'agréer mes salutations et j'ouvris la porte pour revenir à Sainte-Rosalie, cherchant des yeux mes compagnons, qui finirent par me rejoindre l'un après l'autre. Il était près de trois heures du matin ; à peine avions-nous fait quelques pas, que je me vois accoster par le misérable qui avait fait saisir mon Confrère. Il avait probablement envie de me jouer le même tour, et certes l'occasion s'offrait d'elle-même. Il se met donc à déblatérer contre ce cher M. Fressange, l'accusant de les avoir traités de voleurs, de les avoir menacés, leur disant : — Votre tour viendra. — Je le laissai parler, hâtant le pas pour arriver sur le boulevard, mais, voyant son acharnement à me poursuivre, j'essayai d'excuser mon Confrère ; ceci ne réussissant qu'à demi, je lui déclarai qu'en qualité de Directeur de la maison et du personnel de Sainte-Rosalie, je pouvais et je désirais lui offrir des excuses et des réparations. Ceci parut toucher notre homme, et c'est ainsi que je me tirai de ce mauvais pas et rentrai sain et sauf à la maison de Sainte-Rosalie vers les trois heures un quart. Je me jetai sur mon lit, appelant le sommeil de tous mes vœux, pour oublier tout ce que j'avais vu et entendu ; mais plus je faisais d'efforts pour dormir, plus le sommeil s'enfuyait loin de mes paupières. Vers les cinq heures, arriva un employé de la prison disciplinaire, n° 38, avenue d'Italie ; il m'apportait un billet, écrit au crayon, de la main de M. Fressange.

Pauvre Confrère ! il n'avait guère reposé non plus sur la planche et sur la paille ; il n'avait pas même obtenu la permission d'achever sa toilette lorsqu'on le saisit à minuit. Il avait bien un peu froid, n'ayant pour tout vêtement qu'une pauvre soutane et des sandales dans les pieds. Je lui envoyai des souliers, des bas, etc..., en un mot tout ce que chacun sait être indispensable. J'eus soin également d'y joindre des habits de laïque pour qu'il pût s'évader ; on ajouta du pain, du fromage, un petit carafon de vin, enfin son bréviaire, et, pour que tout lui fût fidèlement remis, j'envoyai notre frère Larjaud avec le commissionnaire qui reçut un pourboire, accepta quelques rasades et promit de s'employer en faveur de notre prisonnier. — C'est un si brave homme, dit-il, je ne pense pas qu'on lui fasse du mal ; vous pourriez même venir le voir, seulement il faudrait prendre des habits civils.

Quelques heures plus tard , vers les huit ou neuf heures, je reçois de nouveau un petit billet. M. Fressange m'annonçait qu'il s'ennuyait fort dans sa nouvelle position, peu sociale à coup sûr ; il finissait par me prier de le faire délivrer en recourant à M. Mailly, notre Procureur Général. Je renvoie mon estafette, le frère Larjaud, vers la pauvre victime pour lui dire que je faisais tout mon possible pour le délivrer ; que je parlerais à toutes les autorités, petites ou grandes, mais que pour M. Mailly, il n'y avait pas moyen de l'aborder par lettres ni autrement, les troupes de Versailles occupant le faubourg Saint-Germain.

Une troisième fois, vers onze heures trois quarts, je renvoie de nouveau le frère Larjaud visiter notre glorieux martyr dans sa prison, et voilà qu'il n'y était plus ; jugez de notre perplexité ! Mille suppositions nous passent par la tête ; ce bon frère nous raconte qu'on l'a reconduit vers la Maison-Mère. Ceci nous séduit et nous console tout d'abord ; mais, après un peu d'examen, il est évident que c'est impossible, et nous retombons dans la plus vive anxiété ; ce ne sera que plus tard que nous apprendrons ce qu'il était devenu.

A part ce que je viens de relater, la journée de mardi, 23, se passa sans nouvelles alertes. J'en profitai pour exercer les fonctions de mon ministère. J'avais offert nos parloirs pour servir d'ambulance de premiers pansements. Ce fut donc à la maison qu'on transporta ceux qui tombaient aux barricades. J'eus la consolation de confesser et d'administrer bon nombre de Fédérés qui me parurent dans d'excellents sentiments. Je ne dirai pas qu'ils ont demandé les secours de la religion, mais je dois déclarer qu'ils les ont reçus, pour la plupart, avec une vive satisfaction. On est si heureux quand on trouve un ami qui compatit à nos maux! J'étais évidemment là dans ma vocation et dans ce qu'elle a de plus sublime; le Prêtre n'est-il pas, par devoir, le consolateur de toutes les misères? Cet exemple tout simple et tout naturel produisit sur ces Communeux la meilleure impression; quelques-uns même ne craignirent pas de manifester tout haut leur surprise et, j'ajouterai même, leur admiration de voir qu'un Prêtre affrontait leur colère et mille autres dangers pour les assister à leurs derniers moments et leur apporter les consolations de la religion. — Ah! mes chers amis, il n'y a rien d'extraordinaire à cela, tout autre l'eût fait à ma place. Croyez-le bien, on ne connaît pas le Prêtre, et voilà pourquoi il est si calomnié.

Je ne sus que plus tard ce qui était arrivé à notre cher Confrère, M. Fressange. Comme je l'ai raconté, je m'étais employé de tout mon pouvoir et avec le plus complet insuccès, dans le but de lui ravir la gloire du martyre, mais tout fut providentiel dans cette affaire; on en jugera par ce qui me reste à dire à son sujet. A partir de midi, je n'avais plus reçu de ses nouvelles, mon courrier ordinaire ne voulait plus sortir, et il me fallut attendre le retour de ce cher confesseur de la foi pour apprendre de sa bouche tout ce qu'il eut alors à souffrir.

Le mardi, 23, après un déjeûner plus que modeste pris vers les onze heures un quart, on vint demander à la prison, n° 38, avenue d'Italie, des ouvriers pour la barricade. Notre cher prisonnier demande à les suivre pour prendre un peu l'air, dit-il; ce qu'on lui accorde volontiers. Arrivé sur l'avenue d'Italie, il se trouve fort embarrassé de sa personne, au milieu de tout le tumulte qui a lieu ; entouré par la foule, il se voit forcé de rester, pendant près d'une heure, adossé à un mur près de la prison, recevant injure sur injure. On profère contre lui les cris les plus menaçants ! Comprenant alors son imprudence, il demande à rentrer dans sa prison ; on lui répond qu'une fois sorti, il doit suivre les autres et aller travailler avec eux aux barricades. Pauvre Confrère ! combien il dut souffrir en face de cette vile populace ! La Providence, cependant, lui ménagea quelques consolations.

Notre cher Confrère a su se rendre populaire parmi les enfants de nos écoles, par sa bonté et son affection pour eux. Un certain nombre de nos élèves, répandus dans la foule, reconnurent M. Fressange, et les voilà aussitôt qui courent se jeter à ses jambes, à ses bras, à son cou, en l'embrassant et en l'appelant : *papa Fressange*. Il n'en fallut pas davantage pour changer les dispositions de la foule et les lui rendre favorables. — Ah ! c'est un prêtre de Sainte-Rosalie, un de nos Missionnaires ! Il a besoin de manger, vite, quelque chose. — Une mère apporte un breuvage rafraîchissant, une autre un peu de pain, etc..., et voilà M. Fressange en sûreté au milieu de ces enragés qui eussent voulu fusiller tous les prêtres. Cette scène se passait à quelques pas de l'endroit où, le lendemain, furent massacrés les Dominicains.

Il n'en fallut pas moins suivre la troupe des Communeux et travailler avec eux aux barricades pendant près de cinq heures. Ce qui s'était passé dans l'avenue d'Italie se reproduisit de nouveau dans le voisinage, pendant le reste de la journée. Notre cher Confrère rencontra bien des gens malintentionnés qui l'accusaient de tous les crimes imaginables et demandaient sa mort ; mais il s'en trouva aussi, et en plus grand nombre, qui le défendirent avec courage : — Ne craignez rien, Monsieur le Curé, — lui disait un de ces braves ouvriers qui se tenait toujours auprès de lui pour le défendre ; une pauvre femme eut même la délicate attention de lui donner son tablier, en lui disant : — Prenez mon tablier, monsieur le Curé, afin de ne pas salir votre soutane. — Une autre, le voyant exténué et n'en pouvant plus, lui apporta une chaise. Enfin, vers les six heures du soir, un chef s'adressa à notre Confrère, et lui dit : — Que faites-vous là ? Ce n'est pas là votre place ; suivez-moi, — et il le conduisit aux Gobelins. Là, plaidant sa cause, il put obtenir que M. Fressange allât se reposer dans une salle de la maison, où il a passé la nuit. Nous devons bien remercier Dieu, car, si, au lieu de le garder aux Gobelins, on eût envoyé de nouveau notre cher Confrère, avenue d'Italie, n° 38, d'où il était sorti le matin, il est bien à craindre qu'il n'en fût sorti que pour aller à la mort en compagnie des R. R. P. P. Dominicains. Je regrette sincèrement de ne pas connaître le nom du libérateur de mon Confrère ; que Dieu lui rende en grâces et en bénédictions de toutes sortes la bonne action qu'il a faite ce jour-là !

Ici se termine la journée du mardi 23. Je ne dois pas oublier de rapporter ici que M. Serizier, qui nous honorait chaque nuit d'une visite domiciliaire, ne manquait pas de recommander à ses satellites de nous surveiller de près, et, pour le plus léger motif, de nous fusiller et de brûler la Communauté.

Mercredi, 24. — Voici la plus terrible journée que nous ayons eu à passer. Pour ne pas couper la suite et l'enchaînement des faits, j'achèverai d'abord ce qui concerne M. Fressange. Il passa la nuit aux Gobelins, où il fut l'objet d'attentions délicates ; on lui fit même servir quelque nourriture. En fidèle narrateur, je dirai que notre cher Confrère ne céda pas un seul instant au respect humain ; dans la prison disciplinaire, comme dans l'établissement des Go-

belins, il a toujours été fidèle à la récitation de son office.
Il en était aux petites heures, le mercredi 24, lorsque, vers
les huit ou neuf heures du matin, un obus lancé par l'armée de Versailles vint lui donner une forte distraction, en
lui envoyant sur la tête une quantité énorme de carreaux et
de plâtras. L'état-major de la commune pour le XIIIe arrondissement passait en ce moment même dans la salle où
se trouvait M. Fressange. L'un de ces Citoyens lui proposa
de sortir et de retourner dans ses foyers, si cela lui était
agréable, ce qu'il accepta sans peine, on peut le croire.
Aussitôt on dressa la pièce dont la teneur suit :

Paris, le 24 mai 1871.

« Attendu que les bombes tombent sur les Gobelins et menacent la vie des Citoyens qui y sont prisonniers, le Citoyen
Fressant (*sic*), Prêtre, est mis en liberté et devra se rendre à
l'église Rosalie, rue Corvisart. Défendons à tous Citoyens
de lui faire avanies et outrages. »

Le capitaine d'état-major,
POUILLET.

Le colonel commandant la 13e légion,
SERIZIER.

Le capitaine Pouillet vint lui-même nous amener notre
pauvre prisonnier. Abandonnant son bureau qui regorgeait
de Communards, ce capitaine passa par une porte détour-
née donnant sur le jardin des Gobelins, et nous arriva à
Sainte-Rosalie vers les deux heures de l'après-midi, avec
M. Fressange.

Pour remplir son mandat, ou pour se donner un air d'autorité, il demanda si on connaissait le citoyen qu'il présen-
tait ; pour toute réponse je sautai au cou de mon Confrère

et je l'embrassai avec une vive affection et, en même temps, une sorte de vénération très-permise, après tout ce qu'il avait souffert; puis, j'invitai l'aimable capitaine à entrer dans notre réfectoire pour prendre quelques rafraîchissements. Je le remerciai de toute mon âme, et lui dis que si jamais nous pouvions faire quelque chose pour lui, nous serions heureux de nous acquitter de la dette de reconnaissance que nous venions de contracter envers lui.

Ce fut une grande joie pour toute la petite Communauté de revoir au milieu de nous notre cher Confrère, M. Fressange. Nous l'avions cru perdu : ces jours étaient si mauvais! les esprits tellement montés! Tous nos amis du quartier, les habitués de notre œuvre et de notre Chapelle, ainsi qu'un grand nombre de personnes éloignées de toute pratique de religion, s'empressèrent de prendre part à notre joie et de venir nous féliciter en se joignant à nous pour remercier Dieu.

Toutefois, si M. Fressange avait échappé à de grands dangers, ceux qui étaient restés dans la Communauté n'en avaient pas couru de moins sérieux, et certes, ce n'est que par une protection évidente du Ciel que nous avons pu en sortir. Voici, en effet, comment se passa notre journée du 24, journée qui restera toujours gravée dans ma mémoire.

Sur les huit heures et demie du matin, une douzaine d'hommes appartenant au 101e bataillon arrivent en face de notre Communauté. Là, après s'être entretenus quelque temps ensemble, ils se mettent à crier qu'on a fait feu sur eux, qu'on a tiré sur le peuple, et voilà que deux hommes, un capitaine et un lieutenant, se détachent du groupe et pénètrent dans la Communauté.

La chose était d'autant plus facile que la porte se trouvait ouverte, un caporal du 176e, qui devait en garder l'entrée avec sa compagnie, ayant jugé à propos de s'en aller chez un marchand de vin. Ils entrent donc sans résistance, se faisant suivre de cinq ou six braves de leur espèce, c’est-à-dire à figure plus ou moins sinistre, et, après avoir traversé deux salles et le petit jardin, ils arrivent dans l’intérieur de la Communauté. Au bruit du tapage qu’ils font, je sors de ma chambre, et à la vue de ce pauvre petit Prêtre s’élève un déluge, un tonnerre de cris, de vociférations et d’insultes de toute sorte, et les voilà qui se précipitent au premier étage. Je ne les attends pas, faisant contre mauvaise fortune bon cœur, et, allant au-devant d’eux, je les aborde de mon mieux dans l’espoir de les calmer et de gagner du temps. Pour les empêcher de visiter la maison, j’incidente comme je peux sur ce qui a dû arriver, disant hautement qu’on n’a pas tiré, que c’est une fausseté, etc.; mais peine perdue, il faut se résigner à une perquisition; l’ordre avait été donné, et cette nouvelle bande était encore envoyée par Serizier. Arrivé au deuxième étage, d’où l’on prétendait que le coup était parti, il me fut facile de montrer qu’on s’était trompé : il n’y avait ni armes, ni poudre, etc. Ils renversent le lit, ouvrent et fouillent les armoires, et voilà qu’ils trouvent un pantalon rouge et une capote de soldat. Alors, redouble-ment de fureur, de cris enragés : — Vous voyez, Citoyens, c’est un Versaillais, ce Curé-là! C’est un ennemi de la Com-mune! Qu’on le conduise en prison. — En prison? pourquoi? répondis-je le plus honnêtement possible. De quel droit? Où est votre mandat pour me conduire en prison? Je n’irai pas en prison à propos d’un pantalon rouge. Vous plaisantez sans doute. — Pour toute réponse, le capitaine et le lieutenant menacent de me fusiller, et l’un d’eux, je ne sais trop lequel, prend son revolver et me le met sous la gorge. Je recule un peu effrayé, néanmoins je reprends : — Vous êtes encore trop honnêtes pour tuer quelqu’un sans motif, sans raison; la vie est quelque chose d’assez précieux pour ne pas jouer avec elle. — J’aurais pu, quelques jours auparavant, me débarrasser de ce malencontreux habit militaire dont j'avais complétement oublié la présence; j'avais même recommandé de le faire disparaître; il appartenait à un infirmier d'ambulance dont j'avais fait une espèce de maître d'école; mais, au lieu de rendre son uniforme, comme cela avait été convenu, il l'avait caché dans le fond d'une armoire. Ce malheureux infirmier était logé dans une chambre du deuxième étage, ayant tout l'air d'un Curé déguisé, et soupçonné plus que personne d'avoir tiré sur le peuple. Si je l'avais indiqué à ces brigands, c'en était fait de lui, ils l'auraient fusillé. Je me contentai donc de rappeler que pendant près de six mois j'avais eu une ambulance et qu'il y était mort plusieurs militaires, donnant ainsi à penser que l'uniforme en question était la dépouille d'une des victimes de la guerre. Tout cela ne les satisfit pas, et, ne sachant plus à quel saint me vouer, je pris le parti de faire l'homme en colère. Je déclare que je suis indigné d'une pareille conduite, que je n'ai jamais rien vu de pareil; qu'on fasse mon procès si je suis coupable, je veux bien être puni, mais que jusque-là on doit me respecter; qu'au reste, s'ils veulent attenter à ma vie, je les regarde comme des assassins, et que, ne reconnaissant pas leur autorité, j'en appelle au jugement du capitaine Roux, du 176ᵉ. Je commande d'un ton ferme qu'on aille le chercher.

Mes Communeux s'adoucissent aussitôt et se décident à s'en aller. Voulant sans doute conserver un petit souvenir de leur visite, l'un de ces messieurs jugea à propos de prendre les habits militaires et d'y joindre même une couverture. Je cours après eux, les accusant d'emporter le bien d'autrui; mon homme lâche la couverture et, gardant le reste, se précipite vers la porte pour arriver au boulevard. Je me précipite à mon tour sur ses pas, et là je me trouve en présence d'une foule de femmes qui venaient sans doute pour mettre le feu à la maison. Afin de les exciter davantage, notre capitaine leur jette en pâture ces habits militaires. Le moment était critique; je me dis que je ferais peut-être bien de défendre la cause de ma rue et de ma maison, et, prenant la parole, je me mets à haranguer la foule, rappelant les services que la maison a rendus depuis onze ans, et notamment pendant le siége des Prussiens; je leur montre les appartements de l'ambulance où j'avais reçu leurs maris, leurs enfants, etc. La foule reste ébahie et, avec tous mes frais d'éloquence, je m'aperçois que je n'ai fait qu'irriter encore plus les gens du 101ᵉ, qui ne cessaient de m'insulter. Ma patience était à bout, et, oubliant les mille dangers où je me trouvais, je commençai à leur répondre nettement en n'usant pas toujours d'expressions très-parlementaires, au point que, de nouveau, on vint me placer le revolver sous le menton. Ce petit joujou, au lieu de me calmer, ne fit que m'exaspérer encore plus, et l'on me dit depuis que j'étais blanc de rage et de colère. Je m'en humilie si cela est nécessaire, mais je dois dire que je n'en ai pas eu conscience.

Nous en étions là lorsque survint mon libérateur, le capitaine Roux, avec le lieutenant Tenson : — De quel droit, s'écria le capitaine Roux, venez-vous ici? moi seul, je suis chargé de la garde de cette maison, et je n'ai qu'à me louer de la manière dont on me traite, ainsi que mes hommes. — Il sort sur le boulevard, ramasse les habits qu'on avait jetés là et m'engage à rentrer dans ma chambre et à paraître le moins possible. Que se passa-t-il ensuite entre les hommes du 101ᵉ et ceux du 176ᵉ? je l'ignore. Tout ce que je sais, c'est que le personnel entier de Sainte-Rosalie devait être fusillé sur le boulevard, auprès de la maison nᵒ 48. On a retrouvé un billet à la Mairie du XIIIᵉ arrondissement, où cela se trouvait exprimé, et signé Serizier. Ce que je sais encore parfaitement, l'ayant appris de la bouche même du capitaine Roux, c'est qu'en récompense du service qu'il nous avait rendu, ainsi qu'à la maison, il fut lui-même dénoncé par nos visiteurs, le capitaine et le lieutenant du 101e, et condamné à être fusillé, le soir, avec toute sa compagnie, dans la cour de notre établissement. Averti à temps, il put s'échapper ainsi que toute sa compagnie, qui ne reparut plus. Cet ordre sanguinaire a été aussi retrouvé à la mairie du XIIIe arrondissement.

Ce fut vers les deux heures de l'après-midi que le 176e nous quitta et fut remplacé par le 101e. Pour le coup, nous nous trouvions véritablement au milieu des loups et des léopards. Heureusement, nous n'y pensions pas trop et nous ignorions la gravité des périls qui nous entouraient, occupés que nous étions à leur rendre les services qu'ils réclamaient de nous. Ils nous apportèrent bientôt des barils de poudre et une quantité considérable de projectiles, etc.., qu'on plaça dans la Communauté et les deux maisons adjacentes...

Tout cela me semblait un problème sinistre, dont je voulais avoir la solution. Je demandai à quelques-uns de ces aimables Fédérés ce qu'ils voulaient faire de ces munitions; mais je n'obtins pour toute réponse que des regards de colère et de fureur. Enfin l'un d'eux, plus franc que les autres, ne me cacha pas que leur dessein était de mettre le feu, s'ils le jugeaient à propos pour la défense de leur cause. Inutile d'ajouter que j'eus beau protester, m'indigner, faire tous mes efforts pour qu'on retirât tous ces engins inutiles, mais fort dangereux. Plusieurs Communeux, touchés des services que nous leur avions rendus, ne voulaient pas nous laisser coucher dans la maison et nous proposèrent de nous conduire dans leurs familles. Je les remerciai, disant que je ne quitterais pas mon poste et que j'irais jusqu'au bout. J'avais bien, il est vrai, le désir intérieur de mettre ma vie en sûreté, ainsi que celle de mon personnel, mais d'un autre côté, je me disais : — Si j'abandonne la maison aux soins

du 101° et à ses amis, ils vont la piller et y mettre le feu.
— A la grâce de Dieu ! s'il faut périr, nous périrons tous
ensemble. — Telles étaient mes pensées dans la soirée du
mercredi 24 ; j'ignorais alors les massacres qui avaient eu
lieu dans la prison de la Roquette, et cependant quelle soirée ! quelle nuit ! Tout autour de nous, à l'horizon, on voyait
comme un cercle immense de feu ; à peu de distance de la
maison trois ou quatre incendies venaient de s'allumer et
illuminaient le ciel ; de temps en temps de fortes détonations
faisaient tout trembler ; toujours et perpétuellement, pour ainsi
dire, le canon de la Commune et celui de l'armée régulière, le
claquement des chassepots, retentissaient avec un fracas dont
on ne peut se faire une idée. Ce fut au milieu de ce vacarme
que nous dûmes essayer de prendre un peu de repos avec la
crainte de sauter si la poudre qui se trouvait dans la maison venait à prendre feu.

25 *mai.* — Il ne nous fut pas difficile de nous éveiller.
Je croyais bien que tout le monde avait passé la nuit blanche,
mais je me trompais ; un de nos Frères avait dormi du sommeil du juste, ce qui ne l'avait pas empêché d'avoir eu une
vision : La sainte Vierge lui avait apparu. A quatre heures
et demie il vient me donner connaissance de cette faveur du
Ciel : — Très-bien, mon cher Frère, et que vous a dit la sainte
Vierge ? — Elle m'a ordonné de prendre tous les projectiles de
guerre qui sont là dans notre maison, ainsi que tous les
paquets de poudre, etc., et d'aller jeter le tout dans le puits
qui se trouve là près d'un noyer. C'est le seul moyen de
faire cesser cette guerre fratricide, et je vous annonce que
tout va finir par là. — J'examinai mon homme, et je compris
que sa tête était fatiguée. — Soyez tranquille, mon Frère, lui
dis-je, la sainte Vierge ne demande de vous que l'obéissance
à votre Supérieur ; je vous dirai donc qu'il ne faut plus penser à cela ; occupez-vous de votre office, et pas d'autre chose.

— Il n'en fut rien, bien entendu, et si ce bon Frère ne nous a pas tous fait fusiller, c'est que la Providence n'a pas permis qu'il trouvât, malgré toutes ses recherches, quelqu'un qui voulût bien l'aider à réaliser son beau dessein.

Le matin, à cinq heures, je pus dire la Sainte Messe, bonheur que j'ai eu du reste pendant les plus mauvais jours; mais, cette fois, ce fut avec des difficultés inouïes, et mon Confrère qui devait la dire après moi dut se contenter de faire la sainte Communion.

Ce jeudi, 25, devait être le jour de notre délivrance, mais auparavant il nous fallut passer par de rudes souffrances. Pressés de plus en plus par l'armée régulière, nos Communeux étaient en proie à un découragement visible; la plupart même avaient quitté la barricade dont j'ai parlé plus haut, et il ne restait que quelques enragés du 101ᵉ et du bataillon intitulé : Vengeurs de la République.

Je compris que plus nous approchions du dénouement, plus il nous fallait de prudence; mais je n'osais suivre les conseils que je donnais à mes Confrères et que je recevais d'eux : fallait-il quitter la soutane, revêtir des habits de laïques et fuir? Je sentais que la vue de l'habit ecclésiastique provoquait la haine et la fureur. Mais, d'abord, où fuir, où trouver, dans ces jours inouïs, un refuge quelconque; et puis qu'allaient devenir ces blessés qu'on apportait chez nous à chaque instant? à quelles extrémités allait se porter ce reste de Communeux qui rôdaient sans cesse dans la Communauté? J'avais toujours à la pensée ces malheureux tonneaux de poudre qu'ils avaient déposés dans notre cave. Dans cette incertitude, je me décidai à rester jusqu'au dernier moment. Quant à nos malades, j'allais, je venais, causant à l'un, à l'autre, donnant force rafraîchissements, gardant dans la maison tous les malades qu'on m'amenait, les assistant et les préparant à paraître devant Dieu. Je me livrai à ce ministère au milieu des balles et des obus qui ne cessaient de siffler à mes oreilles. Tout à coup un obus éclate dans la maison de notre plus proche voisin, et y met le feu. A la vue de cet incendie et, en pensant à nos tonneaux de poudre, je me sens saisi d'une frayeur mortelle, et, dans la crainte d'avoir à subir le même sort, je fais vœu à saint Joseph de tenir une lampe allumée en son honneur pendant une année entière, s'il nous obtient de la divine Providence d'être préservés de l'incendie. Il y avait à peine quelques minutes que j'avais fait ce vœu, qu'un obus vient tomber au sixième étage sur la maison adjacente à la Communauté, et y allume un incendie, qui, heureusement, s'éteignit de lui-même. — On en pensera ce qu'on voudra, mais tout fut pour ainsi dire miraculeux dans notre existence pendant ces quatre jours.

Vers les deux heures de l'après-midi, je sentis mon courage faiblir; j'allai me joindre à M. Fressange et à M. l'Instituteur, qui, retirés dans une chambre, récitaient le rosaire. Après une grande heure d'une fusillade des plus nourries, voyant les balles pénétrer dans l'intérieur de nos chambres, je crus que c'en était fait de nous et que je n'avais plus qu'à recommander mon âme à Dieu et à faire mon sacrifice. Malgré tout cela, j'avais toujours le désir de vivre, et, n'espérant plus rien du côté des hommes, je me tournai du côté du ciel. J'avais demandé à saint Joseph de nous préserver de l'incendie; alors j'invoquai la sainte Vierge et lui recommandai notre conservation personnelle en lui promettant de m'employer pour une manifestation publique en son honneur. Il était deux heures quarante minutes. Tout le monde s'accorde à dire qu'il n'y a plus de sûreté dans les appartements et qu'il faut se réfugier dans les caves. Elles étaient peu en état de nous recevoir, car, voyant les incendies éclater tout autour de nous, j'y avais fait descendre les livres, le linge et tout ce qui aurait été capable d'alimenter le feu en cas d'accident; au milieu de la précipitation qui avait dû présider à ce déménagement improvisé, tout se trouvait jeté pêle-mêle.

Malgré ma répugnance à me rendre à la cave, il fallut bien céder, et j'allai rejoindre mon personnel. J'ai reconnu depuis que c'était vraiment mon bon ange qui s'était servi des amis fidèles qui m'entouraient, pour me sauver la vie en me forçant d'aller chercher un refuge dans cette cave. A peine y avait-il cinq ou six miuutes que j'y étais renfermé que quatre gardes nationaux du 101e ou des Vengeurs de la République, la rage au cœur et le revolver au poing, montent à l'escalier qui conduit à la chambre du Supérieur. — Où est-il donc, le Curé? s'écrient-ils ; où est-il, ce calotin? — Ah! répond une personne de confiance, qui dans ces tristes jours exposa plus d'une fois sa vie pour sauver celle du missionnaire, — ah! il n'est pas ici, il est bien loin. — Voyant qu'ils ne partaient point : — Eh! s'écrie-t-elle de nouveau, mes amis, sauvez-vous, voilà Versailles qui arrive. — Ce fut alors un sauve qui peut merveilleux. — Hélas! Versailles n'était pas encore si près ; nous devions l'attendre une heure, et cette heure nous parut une semaine.

Réfugiés dans les caves, comme je l'ai écrit tout à l'heure, nous étions entassés les uns sur les autres, et cependant il fallut encore trouver de la place pour loger une quinzaine de femmes et d'enfants qui, n'étant plus en sûreté dans leurs maisons, venaient se réfugier chez nous. — Où allez-vous? m'écriai-je en entr'ouvrant la porte de la cave; il est impossible de pénétrer ici; nous allons étouffer; et, pendant que je parlais, chacun de se précipiter et de chercher un gîte dans ce fouillis...

A la vue de toutes ces personnes saisies de la plus vive frayeur, pleurant et jetant des cris, j'essayai de leur inspirer un peu de confiance et de résignation. Je leur annonçai que nous allions réciter le chapelet, engageant surtout les petits enfants à prier avec ferveur, les assurant que le Bon Dieu ne manquerait pas de se laisser toucher. Nous prolongeâmes notre prière pendant près d'une demie-heure, appelant de tous nos vœux le moment de la délivrance : elle ne devait pas tarder à sonner. Nous entendîmes les derniers défenseurs des barricades passer près de notre cachette en fuyant à toutes jambes et criant que l'ennemi arrive. En effet, vers les quatre heures, l'armée régulière entrait par trois endroits à la fois dans notre établissement, qui, depuis quatre jours, était le point principal de la résistance dans le 13° arrondissement.

Dire le bonheur et la joie que nous éprouvâmes en ce moment, c'est impossible. Il y a des choses que l'on sent, mais que l'on ne saurait exprimer. Néanmoins je dois le déclarer, notre joie fut bien mêlée de tristesse lorsque nous vîmes par centaines les cadavres de ces malheureux Fédérés jonchant le boulevard et les rues avoisinantes, et notre maison, notre Chapelle toutes cassées par les obus : nous en comptâmes dix-sept chez nous.

La présence de l'armée régulière avait aussitôt amené la sécurité ; chacun se hasardait à sortir de sa cachette ; nos amis, nos habitués, s'empressaient de venir voir si nous étions encore du nombre des vivants et nous témoignaient toute sorte de sympathie. De mon côté, je me hâtai de transporter le saint Sacrement dans la Chapelle et d'allumer la lampe promise à saint Joseph.

Le vendredi, 26 mai, je célébrai la Sainte Messe en actions de grâces ; j'annonçai la reprise des exercices publics du mois de Marie, interrompus seulement pendant ces quatre terribles journées, et pour le soir un salut très-solennel pour remercier le Ciel de la protection visible dont avaient été entourés les enfants de Saint-Vincent.

Mais ce fut le 15 août, fête de l'Assomption de la très-sainte Vierge, que nous choisîmes pour l'accomplissement du vœu que j'avais fait à la très-sainte Vierge, et, pour lui donner toute la solennité possible, une retraite de cinq jours fut prêchée afin d'y préparer les fidèles. Le jour de la fête, il y eut communion générale, et le soir, vers huit heures, procession aux flambeaux et au chant des litanies de la sainte Vierge.

Paris. — Typographie Adolphe Lainé, rue des Saints-Pères, 19.